JN106804

第1回びわ湖検定

問題と解答

目 次

凡例

- 本書では、「琵琶湖」と漢字表記になっている固有名詞を除き、「びわ湖」と平仮名での表記に統一しました。
- 人名・地名などの固有名詞の漢字表記や読み仮名は、一般的に通用しているものを採用しましたが、別の表記が存在する場合もあります。
- 問題文中にあった「今年」「昨年」などの語には、続くカッコ内にいつのことかを注記しました。

第2回びわ湖検定の試験概要

試　験　日　平成21年 (2009) **11月29日㈰**　午前 9：30 〜

試験場所　立命館大学びわこ・くさつキャンパス

試験実施　1級 (新設)、2級、3級

申込締切　9月10日㈭〜 10月20日㈫　消印有効

出題内容　滋賀の自然環境、歴史・文化、観光・物産、くらしなどについて

受験資格　学歴、年齢、性別、国籍等の制限はありません。
（ただし、言語は日本語による対応のみです。）
1級受験は、2級合格者に限ります。

出題レベル、合格基準、受験料

級	出題数	レベル・内容	合格基準	受験料
3級	80問以内	＊基礎的な知識レベル ＊公式テキストの中から7割以上を出題	＊マークシート択一方式で<u>70%以上の正解</u>で合格 ＊スタンプラリーで最大20%加点	2,000 円
2級	100問以内	＊やや高度な知識レベル ＊公式テキストの中から7割以上を出題	＊マークシート択一方式で<u>80%以上の正解</u>で合格 ＊スタンプラリーで最大20%加点	3,500 円
1級	60問以内	＊高度な知識レベル ＊公式テキスト、公式セミナーに準拠して出題	＊択一式および記述式で<u>80%以上の正解</u>で合格	5,000 円

申込書の入手方法

①ホームページよりダウンロード

9月10日より検定ホームページから申込書をダウンロードできます。
URL: http://www.ohmi.or.jp/kentei/

②滋賀県内の公共施設等にて入手

9月10日より滋賀県内の図書館、公民館、観光協会、主要書店など、協力施設にて配布します。

③郵送にて入手

80円切手を貼付し返信先の住所宛名を記載した返信用封筒を、「びわ湖検定申込書請求」と郵送封筒の表に朱書きして、びわ湖検定実行委員会事務局宛てにお送りいただければ、申込書を同封して返送します。

スタンプラリーの実施

　滋賀の魅力を再発見してもらうため、知識を問うだけでなく、各地を訪れていただき、実際に見聞きしたり、体験するきっかけづくりとして、県内の博物館・美術館、寺社仏閣、観光施設等の協力を得て、スタンプラリーを実施します。（ただし、試験点数への加算は、2級・3級のみとなります。）

実施期間　**9月10日(木)〜 10月19日(月)**

セミナーの開催

実施時期　10月下旬〜11月上旬（予定）

開催方法　公式テキストに準拠して、4テーマごとに1講座、計4講座開催

合格者向け特典

施設利用割引

　美術館、博物館、寺社仏閣、観光施設、体験施設等の協力施設における合格者向けの利用割引等。

体験ツアー

　合格者向けに、滋賀の伝統工芸の体験や芸能鑑賞等、「もっと湖国を楽しむ体験ツアー」の開催。

合格証と合格バッジ

　2級・3級合格者に合格証カードを、1級合格者には合格証カードと合格バッジを進呈。

公式テキスト

　平成21年7月31日発行の新たなテキストを併せて2冊が書店で販売されています。

「続・びわ湖検定 公式問題解説集」（新テキスト）
「びわ湖検定 公式問題解説集」
編集・発行：びわ湖検定実行委員会／発売：サンライズ出版
A5判・120ページ／定価：各1260円（本体1200円）

お問い合わせ先

びわ湖検定実行委員会　事務局　　㈶淡海環境保全財団

　ＴＥＬ　077-524-7168　（9：00〜17：00 土日祝盆休）
　e-mail　kentei@ohmi.or.jp
　ＵＲＬ　http://www.ohmi.or.jp/kentei/

第1回びわ湖検定の試験結果

1．試験の結果

①合格率

級	受験者数	合格者数	合格率
2級	1,033	899	87.0%
3級	839	805	95.9%
合　計	1,872	1,704	－

申込者数	受験率
1,071	96.5%
901	93.1%
1,972	94.9%

②得点状況の内訳

	試験最高点数	試験最低点数	試験平均点数	受験者数	試験点数のみで基準以上	総得点基準以上
2級	96.00	34.00	76.50	1,033 人	426人 （41.1%）	899人 （87.0%）
3級	97.50	36.25	82.25	839 人	775人 （92.4%）	805人 （95.9%）

注1）点数はいずれも100点満点に換算
注2）100点満点換算後の基準は、2級80点、3級70点
注3）総得点は試験点数とスタンプラリー点数の合計点

■年代別合格率

年　代	びわ湖検定2級			びわ湖検定3級		
	受験者数	合格者数	合格率	受験者数	合格者数	合格率
10 歳未満	0	0	0.0%	8	5	62.5%
10 歳代	15	9	60.0%	34	31	91.2%
20 歳代	119	91	76.5%	138	134	97.1%
30 歳代	189	163	86.2%	167	156	93.4%
40 歳代	209	173	82.8%	141	138	97.9%
50 歳代	221	203	91.9%	139	131	94.2%
60 歳代	221	207	93.7%	162	160	98.8%
70 歳代以上	58	53	91.4%	50	50	100.0%
不明	1	0	0.0%			
合　計	1,033	899	87.0%	839	805	95.9%

2．スタンプラリーの結果

①参加者とスタンプラリー平均得点

級	参加者 （人）	申込者に対する割合（%）	参加者平均点 （点）
2級	972	90.7	17.0
3級	668	74.1	14.3
合計	1,640	83.2	15.9

②スタンプラリー得点分布（得点別人数）

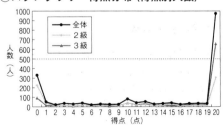

３　級

問題と解答　80問

---

1 以下の文の（　）にあてはまる最も適当なものを①～④の中から選べ。

昔のびわ湖は現在の場所よりも（　　　）付近で誕生したと言われている。

① 北方の敦賀市 　　　② 東方の大垣市

③ 西方の京都市 　　　④ 南方の伊賀市

---

2 以下の文の（　）にあてはまる最も適当なものを①～④の中から選べ。

びわ湖の面積は約（　　　）㎢である。

① 570 　　② 670 　　③ 770 　　④ 870

☞ 解答と解説の参照先は、次ページ下にあります。

3 以下の文の（　）にあてはまる最も適当なものを①〜④の中から選べ。

びわ湖の基準水位 ±0mは海抜約（　　　）mである。

① 75　　　② 80　　　③ 85　　　④ 90

4 以下の文の答えとして最も適当なものを①〜④の中から選べ。

びわ湖に生息する魚類の中でびわ湖の固有種でないのは次のうちどれか。

① ビワヒガイ　　　　　② ニゴロブナ
③ ビワコオオナマズ　　④ ギンブナ

5 以下の文の答えとして最も適当なものを①〜④の中から選べ。

根来健一郎氏によって1954年に命名された、びわ湖の固有種であるプランクトンは次のうちどれか。

① ビワクンショウモ　　② ホシガタケイソウ
③ ビワツボカムリ　　　④ コメツブケイソウ

前ページの解答

1 ④
『びわ湖検定公式問題解説集』 ☞ P.14

2 ②
『びわ湖検定公式問題解説集』 ☞ P.16

6 以下の文の（　）にあてはまる最も適当なものを①〜④の中から選べ。

びわ湖では（　　　　）年5月に初めて大規模な淡水赤潮が発生した。

① 1969　　② 1977　　③ 1980　　④ 1983

7 以下の文の答えとして最も適当なものを①〜④の中から選べ。

びわ湖に生息する魚類の中で、年中低い水温が保たれる深層に好んで生息する種でないのは次のうちどれか。

① イサザ　　　　② ビワコオオナマズ

③ ビワマス　　　④ ワタカ

3級

8 以下の文の答えとして最も適当なものを①〜④の中から選べ。

びわ湖が日本の越冬地の南限となる水鳥は次のうちどれか。

① オオヒシクイ　　② カワウ

③ カイツブリ　　　④ オオバン

| 前ページの解答 |

3 ③
『びわ湖検定公式問題解説集』☞ P.20

4 ④
『びわ湖検定公式問題解説集』☞ P.28

5 ①
『びわ湖検定公式問題解説集』☞ P.25

9 以下の文の答えとして最も適当なものを①～④の中から選べ。

びわ湖に生息する（生息していた）魚のうち、外来種は次のうちどれか。

① コウライニゴイ   ② イサザ

③ イタセンパラ   ④ ワカサギ

10 以下の文の答えとして最も適当なものを①～④の中から選べ。

古くは「都鳥」とも呼ばれ、平安時代の歌物語である『伊勢物語』にも登場する、冬にびわ湖と京都を毎日のように往復する鳥は次のうちどれか。

① コハクチョウ   ② カルガモ

③ カイツブリ   ④ ユリカモメ

11 以下の文の答えとして最も適当なものを①～④の中から選べ。

『滋賀県で大切にすべき野生生物―滋賀県レッドデータブック2005年度版―』で絶滅危惧種に選定されていないトンボは次のうちどれか。

① ベッコウトンボ   ② オオキトンボ

③ ノシメトンボ   ④ ベニイトトンボ

前ページの解答

6 ②
『びわ湖検定公式問題解説集』 ☞ P.26、108

7 ④
『びわ湖検定公式問題解説集』 ☞ P.29

8 ①
『びわ湖検定公式問題解説集』 ☞ P.30

12 以下の文の（　）にあてはまる最も適当なものを①〜④の中から選べ。

1896年に記録した、びわ湖の観測史上最高の水位は（　　　）mである。

① ＋3.76　　② ＋4.12　　③ ＋5.81　　④ ＋6.41

---

13 以下の文の（　）にあてはまる最も適当なものを①〜④の中から選べ。

びわ湖は滋賀県の面積の約（　　　）を占める。

① 2分の1　　② 4分の1　　③ 5分の1　　④ 6分の1

---

14 以下の文の答えとして最も適当なものを①〜④の中から選べ。

滋賀県内で最も標高の高い山は次のうちどれか。

① 御池岳　　② 金糞岳　　③ 伊吹山　　④ 比叡山

前ページの解答

9 ④
『びわ湖検定公式問題解説集』☞ P.32

10 ④
『びわ湖検定公式問題解説集』☞ P.31

11 ③
『びわ湖検定公式問題解説集』☞ P.34

15 以下の文の答えとして最も適当なものを①〜④の中から選べ。

別名「鳰」という滋賀県の県の鳥は次のうちどれか。

① カイツブリ　　　② オシドリ

③ カルガモ　　　　④ コハクチョウ

16 以下の文の（　）にあてはまる最も適当なものを①〜④の中から選べ。

滋賀県の総人口は現在約（　　　）万人である。

①　100　　　②　120　　　③　140　　　④　160

17 以下の文の（　）にあてはまる最も適当なものを①〜④の中から選べ。

滋賀県の面積は日本の総面積の約（　　　）パーセントである。

①　1　　　②　3　　　③　5　　　④　10

| 前ページの解答 |

12 ①
『びわ湖検定公式問題解説集』☞ P.20、95

13 ④
『びわ湖検定公式問題解説集』☞ P.17、100

14 ③
『びわ湖検定公式問題解説集』☞ P.17

18 以下の文の答えとして最も適当なものを①〜④の中から選べ。

今年（2008年、第1回びわ湖検定実施時）ラムサール条約に追加登録された内湖は次のうちどれか。

　　① 西之湖　　　② 早崎内湖　　　③ 松ノ木内湖　　　④ 伊庭内湖

19 以下の文の（　）にあてはまる最も適当なものを①〜④の中から選べ。

昔から人々に親しまれ、びわ湖の周辺に群生しているヨシは（　　　　）科である。

　　① マメ　　　　② キク　　　　③ イネ　　　　④ タケ

3級

20 以下の文の答えとして最も適当なものを①〜④の中から選べ。

びわ湖の水位の現在の求め方として正しいのは次のうちどれか。
　　① 大津市鳥居川水位観測所の水位
　　② 琵琶湖大橋付近の水位計の水位
　　③ びわ湖の南北に当たる大津市と高月町の2ヶ所の水位計の平均値
　　④ 高月町、彦根市、高島市、大津市に設けられた合計5ヶ所の水位の平均値

前ページの解答

15 ①
『びわ湖検定公式問題解説集』☞ P.8、9

16 ③
近畿では奈良県の総人口とほぼ同じで、京都府総人口の約2分の1である。

17 ①
滋賀県の面積4017㎢（びわ湖を含む）に対し、日本の面積は約38万㎢である。

21 以下の文の（　）にあてはまる最も適当なものを①〜④の中から選べ。

近江八景は古くから日本の名勝として愛されているが、次のうち近江八景でないのはどれか。

① 石山の秋月　　② 瀬田の夕照
③ 比叡の煙雨　　④ 粟津の晴嵐

22 以下の文の（　）にあてはまる最も適当なものを①〜④の中から選べ。

びわ湖の最も狭いところに位置する堅田には近江八景「堅田の落雁」で知られる（　　　　）がある。

① 浮御堂　　② 祥端寺　　③ 琵琶湖大橋　　④ おとせ浜

23 以下の文の答えとして最も適当なものを①〜④の中から選べ。

彦根城のふもとにある彦根藩主の下屋敷の庭として作られた庭園は次のうちどれか。

① 天然図画亭庭園　　② 旧秀林寺庭園
③ 里坊庭園　　④ 玄宮楽々園

前ページの解答

18 ①
すでに登録されている「琵琶湖」に「西之湖」と「長命寺川」を拡大登録したもので、2008年、韓国で開催された第10回ラムサール条約締約国会議で登録認定証が授与された。

19 ③
イネ科は、茎が木質化して中が中空になっている、風媒花なので花弁が退化して花が目立たないことなどが特徴。タケもイネ科タケ亜科に分類される。

20 ④
『びわ湖検定公式問題解説集』☞ P.20

24 以下の文の答えとして最も適当なものを①～④の中から選べ。

万葉集で「淡海の海 夕波千鳥 汝が鳴けば 情もしのに 古思ほゆ」という、近江大津宮の荒れ果てた宮跡の情景を壮大なスケールで歌いあげた歌人は次のうちだれか。

① 柿本人麻呂　② 在原業平　③ 小野篁　④ 大友黒主

25 以下の文の答えとして最も適当なものを①～④の中から選べ。

井上靖の小説「星と祭」には滋賀県に所在する多数の十一面観音像が登場するが、作品に出てこない尊像は次のうちどれか。

① 石道寺（木之本町）像　　② 円満寺（近江八幡市）像
③ 櫟野寺（甲賀市）像　　　④ 盛安寺（大津市）像

26 以下の文の（　）にあてはまる最も適当なものを①～④の中から選べ。

「琵琶湖周航の歌」の歌いだしの歌詞は、「♪われは湖の子 さすらいの（　　　）にしあれば…」である。

① 山　　② 湖　　③ 夢　　④ 旅

| 前ページの解答 |

21 ③
『びわ湖検定公式問題解説集』☞ P.10、36

22 ①
『びわ湖検定公式問題解説集』☞ P.37

23 ④
『びわ湖検定公式問題解説集』☞ P.37

27 以下の文の答えとして最も適当なものを①〜④の中から選べ。

近江八景で知られた景勝地にある、びわ湖湖底に所在する縄文時代の遺跡は次のうちどれか。

① 粟津湖底遺跡　　② 矢橋湖底遺跡
③ 比良湖底遺跡　　④ 堅田湖底遺跡

28 以下の文の答えとして最も適当なものを①〜④の中から選べ。

野洲川流域の平野部のほぼ中央に位置する弥生時代中期後半の遺跡で「弥生のタイムカプセル」と呼ばれることもある遺跡は次のうちどれか。

① 熊野本遺跡　　② 下之郷遺跡
③ 湯ノ部遺跡　　④ 鴨田遺跡

29 以下の文の（　）にあてはまる最も適当なものを①〜④の中から選べ。

『日本書紀』によると、朝鮮半島の百済から亡命してきた鬼室集斯は669（天智天皇8）年に百済の男女700余人とともに近江国（　　　）に移された。

① 愛知郡　　② 浅井郡　　③ 坂田郡　　④ 蒲生郡

| 前ページの解答 |

24 ①
『びわ湖検定公式問題解説集』 ☞ P.39

25 ③
『びわ湖検定公式問題解説集』 ☞ P.40

26 ④
『びわ湖検定公式問題解説集』 ☞ P.42

30 以下の文の（　）にあてはまる最も適当なものを①〜④の中から選べ。

向源寺（高月町渡岸寺）の木造十一面観音立像は、造像様式から（　　　）前期に制作されたと考えられている。

①　飛鳥時代　　②　奈良時代　　③　平安時代　　④　鎌倉時代

31 以下の文の答えとして最も適当なものを①〜④の中から選べ。

関ヶ原合戦の後、井伊直政が徳川家康から与えられ、城主になった城は次のうちどれか。

①八幡城　　②彦根城　　③長浜城　　④佐和山城

32 以下の文の答えとして最も適当なものを①〜④の中から選べ。

1842（天保13）年10月、甲賀・野洲両郡の農民らが中心となって起こした「近江天保一揆」は次のうちどこで蜂起したか。

①　矢川神社　　②　飯道神社　　③　檜尾神社　　④　兵主神社

前ページの解答

27 ①
『びわ湖検定公式問題解説集』☞ P.43

28 ②
『びわ湖検定公式問題解説集』☞ P.44

29 ④
『びわ湖検定公式問題解説集』☞ P.46

33 以下の文の答えとして最も適当なものを①～④の中から選べ。

快慶作の木造大日如来坐像が安置されており、現存するものとしては国内最古の多宝塔がある寺は次のうちどれか。

①　石山寺　　　②　延暦寺　　　③　金剛輪寺　　　④　長命寺

34 以下の文の（　）にあてはまる最も適当なものを①～④の中から選べ。

平安時代からの歴史を持つ日野町中山の祭りは東谷と西谷に分かれ（　　）の長さを競う祭りである。

①　ゴボウ　　　②　ダイコン　　　③　イモ　　　④　ネギ

35 以下の文の（　）にあてはまる最も適当なものを①～④の中から選べ。

県選択無形民俗文化財に指定されている人形浄瑠璃の冨田人形は（　　）市富田町に伝承されている。

①　大津　　　②　近江八幡　　　③　長浜　　　④　米原

前ページの解答

30 ③
『びわ湖検定公式問題解説集』 ☞ P.49

31 ④
『びわ湖検定公式問題解説集』 ☞ P.50

32 ①
『びわ湖検定公式問題解説集』 ☞ P.51

36 以下の文の（　）にあてはまる最も適当なものを①〜④の中から選べ。

滋賀県（　　　）町には羽衣伝説の伝承地「天女の衣掛け柳」がある。

① 余呉　　　② 木之本　　　③ 高月　　　④ 湖北

---

37 以下の文の答えとして最も適当なものを①〜④の中から選べ。

1891（明治24）年にびわ湖の観光に来たギリシャ王子が、滋賀県庁で気に入って献上され、その後ヨーロッパで大人気を博した草津産のものは次のうちどれか。

① 竹根鞭製ステッキ　　　② 竹製ハット
③ 竹根鞭製傘　　　④ 竹製弁当箱

3級

---

38 以下の文の答えとして最も適当なものを①〜④の中から選べ。

「湖東三山」と呼ばれている寺院の組み合わせで正しいのは次のうちどれか。

① 西明寺・金剛輪寺・百済寺　　　② 常楽時・長寿寺・善水寺
③ 園城寺・石山寺・延暦寺　　　④ 永源寺・金剛輪寺・西明寺

前ページの解答

33 ①
『びわ湖検定公式問題解説集』 ☞ P.54

34 ③
『びわ湖検定公式問題解説集』 ☞ P.60

35 ③
『びわ湖検定公式問題解説集』 ☞ P.61

39 以下の文の答えとして最も適当なものを①～④の中から選べ。

重要文化的景観「近江八幡の水郷」を構成していない水面は次のうちどれか。

① 西之湖　　② 北之庄沢　　③ 八幡堀　　④ びわ湖

40 以下の文の答えとして最も適当なものを①～④の中から選べ。

昨年（2007年）、築城400年祭を行った城は次のうちどれか。

① 彦根城　　② 坂本城　　③ 長浜城　　④ 安土城

41 以下の文の（　）にあてはまる最も適当なものを①～④の中から選べ。

後の豊臣秀吉が治めていた長浜は、1573（天正元）年織田信長により滅ぼされた（　　　）氏の領地であった。

① 六角　　② 京極　　③ 浅井　　④ 朝倉

| 前ページの解答 |

36 ①
『びわ湖検定公式問題解説集』 ☞ P.41

37 ①
『びわ湖検定公式問題解説集』 ☞ P.52

38 ①
『びわ湖検定公式問題解説集』 ☞ P.53

42 以下の文の答えとして最も適当なものを①〜④の中から選べ。

国宝の苗村神社西本殿、園城寺新羅善神堂に代表される神社本殿の屋根形式で、滋賀県内で非常によく見かけられる形式は次のうちどれか。

① 流造　　② 大社造　　③ 住吉造　　④ 春日造

---

43 以下の文の（　）にあてはまる最も適当なものを①〜④の中から選べ。

2006年に環境省が制定した「快水浴場百選」の「特選」に選定された全国12ヶ所の水泳場のうち、唯一「湖の部　特選」に選定された水泳場は（　　　）である。

① 近江舞子水泳場　　　② 松原水泳場
③ 南浜水泳場　　　　　④ マキノサニービーチ

---

44 以下の文の答えとして最も適当なものを①〜④の中から選べ。

びわ湖には四つの島があるが、人が居住している島は次のうちどれか。

① 竹生島　　② 沖島　　③ 多景島　　④ 沖の白石

3級

| 前ページの解答 |

39 ④
『びわ湖検定公式問題解説集』☞ P.38

40 ①
彦根城の天守は1607（慶長12）年頃に完成したとされ、2007年3月21日〜11月25日に彦根市で「国宝・彦根城築城400年祭」が開催された。

41 ③
『びわ湖検定公式問題解説集』☞ P.62

19

45 以下の文の（　）にあてはまる最も適当なものを①〜④の中から選べ。

季節に合わせた観光船の運航として、早春の「長浜盆梅展」の開催期間に合わせた雪見船クルーズや、日本のさくら名所百選の一つ（　　　）の桜の開花時期に合わせた桜クルーズなどがある。

① 海津大崎　　② 琵琶湖疏水　　③ 葛籠尾崎　　④ 彦根城

46 以下の文の（　）にあてはまる最も適当なものを①〜④の中から選べ。

びわ湖の湖岸線の総延長は、大津市から（　　　）への距離にほぼ等しい。

① 神戸市　　② 広島市　　③ 浜松市　　④ 名古屋市

47 以下の文の答えとして最も適当なものを①〜④の中から選べ。

全長が日本一長いケーブルカーが設置されている山は次のうちどれか。

① 比叡山　　② 蓬莱山　　③ 八幡山　　④ 伊吹山

前ページの解答

42 ①
『びわ湖検定公式問題解説集』 ☞ P.55

43 ④
『びわ湖検定公式問題解説集』 ☞ P.64

44 ②
『びわ湖検定公式問題解説集』 ☞ P.66

48 以下の文の（　）にあてはまる最も適当なものを①〜④の中から選べ。

昭和初期から関西有数のスキー場として知られ、その後日本で初めて誕生したカタカナの自治体（当時）名の由来にもなったのは、（　　　）スキー場である。

①ウッディパル　　　　　　　　②　ベルク

③ヨゴコーゲンリゾート・ヤップ　　④　マキノ

49 以下の文の（　）にあてはまる最も適当なものを①〜④の中から選べ。

長浜の北国街道と大手門通りが交差する札の辻にあった元銀行の建物を改装して、1989年に（　　　　）がオープンした。

①　慶雲館　　　　　　②　まちづくり役場

③　黒壁ガラス館　　　④　夢京橋あかり館

3級

50 以下の文の答えとして最も適当なものを①〜④の中から選べ。

国の特別天然記念物に指定され、季節には多くのゲンジボタルが舞う発生地がある米原市を流れる川は次のうちどれか。

①　三津川　　　②　天野川　　　③　地蔵川　　　④　天増川

|前ページの解答|

45 ①
『びわ湖検定公式問題解説集』 ☞ P.65

46 ③
『びわ湖検定公式問題解説集』 ☞ P.67

47 ①
『びわ湖検定公式問題解説集』 ☞ P.69

51 以下の文の答えとして最も適当なものを①〜④の中から選べ。

敷地内に内湖の水質浄化のための設備がある道の駅は次のうちどれか。

① 道の駅竜王かがみの里　　② 道の駅草津（グリーンプラザからすま）

③ 道の駅しんあさひ風車村　　④ 道の駅湖北みずどりステーション

52 以下の文の答えとして最も適当なものを①〜④の中から選べ。

木村拓哉主演の映画「武士の一分」の撮影が行われた彦根市内のロケ地は次のうちどれか。

① 埋木舎　　② 太鼓門櫓　　③ 彦根城天守　　④ 玄宮楽々園

53 以下の文の（　）にあてはまる最も適当なものを①〜④の中から選べ。

毎年3月第2土曜日に大津港を中心に行われる「びわ湖開き」では、船上から（　　　）をびわ湖に投げ入れる儀式がある。

① 黄金のコイン　　② 黄金の鍵

③ 黄金の仮面　　④ 黄金の斧

前ページの解答

48 ④
『びわ湖検定公式問題解説集』 ☞ P.70

49 ③
『びわ湖検定公式問題解説集』 ☞ P.71

50 ②
『びわ湖検定公式問題解説集』 ☞ P.72

54 以下の文の（　）にあてはまる最も適当なものを①～④の中から選べ。

滋賀県が選定した「滋賀の食文化財」5点にふくまれないものは次のうちどれか。

① 近江牛のしぐれ煮　　② 丁稚羊羹
③ 日野菜漬け　　　　　④ 湖魚のなれずし

55 以下の文の（　）にあてはまる最も適当なものを①～④の中から選べ。

湖北地域の冬の味覚、ウナギをすき焼き風に調理した料理を地元では「ウナギの（　　　）」と呼ぶ。

① しゅんしゅん　　② じゅんじゅん
③ じゅうじゅう　　④ ちゅんちゅん

3級

56 以下の文の答えとして最も適当なものを①～④の中から選べ。

滋賀県の指定する伝統的工芸品の中で、高島市のものでないのは次のうちどれか。

① 硯　　② 組紐　　③ 扇骨　　④ 和ろうそく

| 前ページの解答 |

51 ③
『びわ湖検定公式問題解説集』 ☞ P.74

52 ①
『びわ湖検定公式問題解説集』 ☞ P.76

53 ②
『びわ湖検定公式問題解説集』 ☞ P.78

57 以下の文の答えとして最も適当なものを①～④の中から選べ。

近江商人の商いの方法は諸国産物回しといい、各地の産物を仕入れ、さらに別の地域に販売すると同時に仕入れる商法だが、近江商人が扱わなかった商品は次のうちどれか。

①　紅花　　　②　漆器　　　③　湖東焼　　　④　蚊帳

58 以下の文の答えとして最も適当なものを①～④の中から選べ。

東海道の宿場町の一つ、草津には全国最大規模の宿本陣が今も当時のまま残されているが、その大福帳に名前が記されていないのは次のうちだれか。

①　吉良上野介　　　　②　浅野内匠頭
③　皇女和宮　　　　　④　近藤勇

59 以下の文の答えとして最も適当なものを①～④の中から選べ。

琵琶湖線で「新快速」が停車しないのは、次のうちどれか。（2008年11月現在）

①　彦根駅　　　②　能登川駅　　　③　安土駅　　　④　石山駅

前ページの解答

54 ①
『びわ湖検定公式問題解説集』 ☞ P.79

55 ②
『びわ湖検定公式問題解説集』 ☞ P.81

56 ②
『びわ湖検定公式問題解説集』 ☞ P.84

---

60 以下の文の答えとして最も適当なものを①〜④の中から選べ。

主要地方道26号大津守山近江八幡線の別名は次のうちどれか。

① 浜街道　　　　　　② 八風街道

③ さざなみ街道　　　④ レインボーロード

61 以下の文の答えとして最も適当なものを①〜④の中から選べ。

余呉川の河口近くで竹生島を望む景勝地にあり、婦人病・神経痛・リウマチなどに効くといわれるヒドロ炭酸鉄泉含有の温泉は、次のうちどれか。

① おごと温泉　　　　② 尾上温泉

③ 白谷温泉　　　　　④ 石山温泉

62 以下の文の答えとして最も適当なものを①〜④の中から選べ。

日本六古窯の一つで鎌倉時代中期になって産業として成立したといわれ、現在では食器や花器、「たぬきの置物」で有名な焼き物は次のうちどれか。

① 湖東焼　　② 膳所焼　　③ 信楽焼　　④ 布引焼

3級

前ページの解答

57 ③
『びわ湖検定公式問題解説集』☞ P.88

58 ④
『びわ湖検定公式問題解説集』☞ P.89

59 ③
『びわ湖検定公式問題解説集』☞ P.90

63 以下の文の（　）にあてはまる最も適当なものを①～④の中から選べ。

長浜市の特産として、江戸時代に製造が始まった和服の生地となる高級絹織物は（　　　）である。

① 浜ちりめん　　② 浜かすり　　③ 浜つむぎ　　④ 浜りんず

64 以下の文の答えとして最も適当なものを①～④の中から選べ。

水中で花を咲かせるバイカモ（梅花藻）が見られるので有名な米原市の川は次のうちどれか。

① 天野川　　② 三津川　　③ 天増川　　④ 地蔵川

65 以下の文の（　）にあてはまる最も適当なものを①～④の中から選べ。

日本最古の茶園として伝承され、由来碑が建立されている茶園は（　　）にある。

① 大津市坂本　　　　　　② 甲賀市信楽町上朝宮
③ 東近江市政所町　　　　④ 甲賀市土山町南土山

前ページの解答

60 ①
『びわ湖検定公式問題解説集』☞ P.92

61 ②
湖北町尾上はびわ湖の漁港としても知られ、すぐ南（湖北町今西）には湖北野鳥センターや水の駅湖北みずどりステーションがある。

62 ③
『びわ湖検定公式問題解説集』☞ P.87

66 以下の文の（　）にあてはまる最も適当なものを①〜④の中から選べ。

びわ湖流域において、記録に残る過去最大の洪水は、1896年9月の大洪水である。このとき彦根では10日間（9月3日から9月12日）で（　　）mmの雨量を記録した。

① 572　　② 1008　　③ 1493　　④ 2119

---

67 以下の文の（　）にあてはまる最も適当なものを①〜④の中から選べ。

田上山一帯では明治時代に入ると、川への土砂の流入を防ぐための砂防工事が始められるようになり、田上山山系を源流とする草津川の上流部には外国人技師デ・レーケ指導による（　　）堰堤が造られた。

① ドイツ　　② ポルトガル　　③ オランダ　　④ ギリシャ

3 級

---

68 以下の文の（　）にあてはまる最も適当なものを①〜④の中から選べ。

1994年の列島大渇水のときに記録した、びわ湖の観測史上最低水位は（　　）cmである。

① −53　　② −99　　③ −103　　④ −123

前ページの解答

63 ①
『びわ湖検定公式問題解説集』☞ P.85

64 ④
『びわ湖検定公式問題解説集』☞ P.72

65 ①
『びわ湖検定公式問題解説集』☞ P.83

69 以下の文の（　）にあてはまる最も適当なものを①〜④の中から選べ。

平成15年度の滋賀県水政課の調べによると、びわ湖の水を水道水として利用している人口は約（　　　）万人である。

① 200 　　② 400 　　③ 1000 　　④ 1400

70 以下の文の（　）にあてはまる最も適当なものを①〜④の中から選べ。

滋賀県では、びわ湖での淡水赤潮の大発生を契機に、赤潮発生の原因の一つである（　　　）を含む合成洗剤の使用をやめ、石けんを使おうという、いわゆる石けん運動が全県的に展開された。

① マグネシウム 　　② カルシウム 　　③ 酵素 　　④ リン

71 以下の文の答えとして最も適当なものを①〜④の中から選べ。

1984年に滋賀県の提唱で始まった、湖沼の環境問題の解決について話し合う国際会議の現在の名称は次のうちどれか。

① 世界水フォーラム 　　② 世界湖沼サミット
③ 世界陸水会議 　　④ 世界湖沼会議

前ページの解答

66 ②
『びわ湖検定公式問題解説集』 ☞ P.95

67 ③
『びわ湖検定公式問題解説集』 ☞ P.96

68 ④
『びわ湖検定公式問題解説集』 ☞ P.97

72 以下の文の（　）にあてはまる最も適当なものを①〜④の中から選べ。

滋賀県立水環境科学館や下水処理施設である湖南中部浄化センターなどがある人工島の名称は（　　　）島である。

① 矢橋帰帆　　② 粟津晴嵐　　③ 石山秋月　　④ 瀬田夕照

73 以下の文の答えとして最も適当なものを①〜④の中から選べ。

びわ湖でプレジャーボートの航行範囲やエンジンの種類の規制、釣った外来魚の再放流の禁止などを定めているルールの通称は次のうちどれか。

① 滋賀ルール　　② 琵琶湖ルール
③ レジャールール　　④ 環境ルール

74 以下の文の答えとして最も適当なものを①〜④の中から選べ。

滋賀県の教育事業「びわ湖フローティングスクール」で使われている学習船の名前は次のうちどれか。

① うみのこ　　② しがのこ　　③ あゆのこ　　④ びわっこ

3級

| 前ページの解答 |

69 ④
『びわ湖検定公式問題解説集』☞ P.100

70 ④
『びわ湖検定公式問題解説集』☞ P.108

71 ④
『びわ湖検定公式問題解説集』☞ P.110

75 以下の文の（　）にあてはまる最も適当なものを①〜④の中から選べ。

琵琶湖疏水の長等山トンネルは全長（　　　）mであり、完成当時、全国のトンネルの最長記録を1100mも更新した。

① 1836m　　② 2036m　　③ 2236m　　④ 2436m

76 以下の文の（　）にあてはまる最も適当なものを①〜④の中から選べ。

滋賀県内の森林から伐採された木材や、その木材を使用して県内の施設で加工された木製品であることが証明された木材（品）のことを（　　　）と呼ぶ。

① 滋賀木材　　② びわ湖材　　③ おうみ材　　④ ヨシ材

77 以下の文の答えとして最も適当なものを①〜④の中から選べ。

湖水の減少を理由に琵琶湖疏水の建設に反対した当時の滋賀県知事はだれか。

① 籠手田安定　　② 田辺朔郎　　③ 北垣国道　　④ 沖野忠雄

前ページの解答

72 ①
『びわ湖検定公式問題解説集』☞ P.112

73 ②
『びわ湖検定公式問題解説集』☞ P.114

74 ①
『びわ湖検定公式問題解説集』☞ P.115

78 以下の文の答えとして最も適当なものを①～④の中から選べ。

びわ湖で行われている定置網漁で、矢印状に網を設置する漁法を何と呼ぶか。

① ヤナ漁　　　② エリ漁　　　③ 追いさで漁　　　④ たつべ漁

79 以下の文の（　）にあてはまる最も適当なものを①～④の中から選べ。

1869年、蒸気船「（　　　　）」がびわ湖に就航し、1889年の東海道線全線開通まで、蒸気船が大量輸送の主役を担っていた。

① みどり丸　　　② びわ湖丸　　　③ 一番丸　　　③ なまず丸

3級

80 以下の文の（　）にあてはまる最も適当なものを①～④の中から選べ。

滋賀県では毎年「（　　　　）記念賞」という、障害者福祉の関係者にとってたいへん名誉な賞の授与を行っている。

① 糸賀一雄　　　② 田村一二　　　③ 池田太郎　　　④ 野崎欣一郎

| 前ページの解答 |

75 ④
『びわ湖検定公式問題解説集』 ☞ P.101

76 ②
『びわ湖検定公式問題解説集』 ☞ P.104

77 ①
『びわ湖検定公式問題解説集』 ☞ P.101

| 前ページの解答 |

78 ②
『びわ湖検定公式問題解説集』 ☞ P.105

79 ③
『びわ湖検定公式問題解説集』 ☞ P.107

80 ①
1946（昭和21）年、大津市に創設された知的障害児等の入所施設「近江学園」初代園長の糸賀一雄は、日本の障害者福祉と知的障害児教育の分野に大きな業績を残した。

2 級

問題と解答　100問

---

1 以下の文の（　）にあてはまる最も適当なものを①～④の中から選べ。

昔のびわ湖は現在の場所よりも（　　）付近で誕生したと言われている。

① 北方の敦賀市　　② 東方の大垣市
③ 西方の京都市　　④ 南方の伊賀市

---

2 以下の文の（　）にあてはまる最も適当なものを①～④の中から選べ。

びわ湖の面積は約（　　）㎢である。

① 570　　② 670　　③ 770　　④ 870

☞ 解答は次ページ下にあります。

3 以下の文の答えとして最も適当なものを①〜④の中から選べ。

滋賀県にある山について、標高の高い順に並んでいるのは次のうちどれか。
※左にある山のほうが高い。

① 御池岳＞伊吹山＞金糞岳　　② 金糞岳＞御池岳＞伊吹山
③ 伊吹山＞御池岳＞金糞岳　　④ 伊吹山＞金糞岳＞御池岳

4 以下の文の（　）にあてはまる最も適当なものを①〜④の中から選べ。

びわ湖の水位の零点高（基準水位）は東京湾の中等潮位から（　　）mと定められている。

① ＋80.164　　② ＋84.371　　③ ＋90.418　　④ ＋95.249

5 以下の文の（　）にあてはまる最も適当なものを①〜④の中から選べ。

1896年に記録した、びわ湖の観測史上最高水位は（　　）mである。

① ＋3.76　　② ＋4.12　　③ ＋5.81　　④ ＋6.41

前ページの解答

1 ④
『びわ湖検定公式問題解説集』☞ P.14

2 ②
『びわ湖検定公式問題解説集』☞ P.16

6 以下の文の答えとして最も適当なものを①〜④の中から選べ。

びわ湖に生息する魚類の中でびわ湖の固有種でないのは次のうちどれか。

① ビワヒガイ   ② ニゴロブナ

③ ビワコオオナマズ   ④ ギンブナ

7 以下の文の答えとして最も適当なものを①〜④の中から選べ。

根来健一郎氏によって1954年に命名された、びわ湖の固有種であるプランクトンは次のうちどれか。

① ビワクンショウモ   ② ホシガタケイソウ

③ ビワツボカムリ   ④ コメツブケイソウ

2級

8 以下の文の（ ）にあてはまる最も適当なものを①〜④の中から選べ。

びわ湖では（ ）年5月に初めて大規模な淡水赤潮が発生した。

① 1969   ② 1977   ③ 1980   ④ 1983

|前ページの解答|

3 ④
『びわ湖検定公式問題解説集』☞ P.17

4 ②
『びわ湖検定公式問題解説集』☞ P.20

5 ①
『びわ湖検定公式問題解説集』☞ P.20

9 以下の文の答えとして最も適当なものを①〜④の中から選べ。

びわ湖水系に生息し、二枚貝に産卵する習性のある魚は次のうちどれか。

① ビワマス   ② コクチバス
③ アブラヒガイ   ④ イサザ

10 以下の文の答えとして最も適当なものを①〜④の中から選べ。

びわ湖に生息する魚類の中で、年中低い水温が保たれる深層に好んで生息する種でないのは次のうちどれか。

① イサザ   ② ビワコオオナマズ
③ ビワマス   ④ ワタカ

11 以下の文の答えとして最も適当なものを①〜④の中から選べ。

びわ湖が日本の越冬地の南限となる水鳥は次のうちどれか。

① オオヒシクイ   ② カワウ
③ カイツブリ   ④ オオバン

前ページの解答

6 ④
『びわ湖検定公式問題解説集』 ☞ P.28

7 ①
『びわ湖検定公式問題解説集』 ☞ P.25

8 ②
『びわ湖検定公式問題解説集』 ☞ P.108

12 以下の文の答えとして最も適当なものを①～④の中から選べ。

びわ湖に生息する（生息していた）魚のうち、外来種は次のうちどれか。

① コウライニゴイ　　② イサザ

③ イタセンパラ　　④ ワカサギ

13 以下の文の答えとして最も適当なものを①～④の中から選べ。

『滋賀県で大切にすべき野生生物―滋賀県レッドデータブック2005年度版―』で絶滅危惧種に選定されていないトンボは次のうちどれか。

① ベッコウトンボ　　② オオキトンボ

③ ノシメトンボ　　④ ベニイトトンボ

14 以下の文の2つの（　）にあてはまる最も適当な組み合わせを①～④の中から選べ。

滋賀県内のびわ湖と森林の面積は県土のそれぞれ約（ ア ）と約（ イ ）を占める。

① ア：6分の1　　イ：2分の1　　② ア：4分の1　　イ：2分の1

③ ア：4分の1　　イ：4分の1　　④ ア：3分の1　　イ：3分の1

| 前ページの解答 |

9 ③

『びわ湖検定公式問題解説集』☞ P.28

10 ④

『びわ湖検定公式問題解説集』☞ P.29

11 ①

『びわ湖検定公式問題解説集』☞ P.30

15 以下の文の（　）にあてはまる最も適当なものを①〜④の中から選べ。

びわ湖北湖では、夏になると表層の水が暖かくなり、水温が30℃近くまで上がるのに対して、深層では7〜8℃のままである。温水は冷水より密度が小さいため、表層と深層の水が混ざりにくくなる。これを（　　）と呼ぶ。

① 上下成層 　　② 高低成層

③ 温冷成層 　　④ 水温成層

16 以下の文の3つの（　）にあてはまる最も適当な組み合わせを①〜④の中から選べ。

現在、びわ湖で大きな問題となっている外来魚のオオクチバスとブルーギルのうち、びわ湖に先に侵入してきたのは（　ア　）であるが、遅れてやってきた（　イ　）が（　ウ　）年代後半に爆発的に増え、湖内の魚の世界を一変させた。

① ア：オオクチバス 　　イ：ブルーギル 　　ウ：1970

② ア：オオクチバス 　　イ：ブルーギル 　　ウ：1980

③ ア：ブルーギル 　　　イ：オオクチバス 　ウ：1980

④ ア：ブルーギル 　　　イ：オオクチバス 　ウ：1970

17 以下の文の答えとして最も適当なものを①〜④の中から選べ。

一年を通じてほぼ水面下で生活している沈水植物は、びわ湖に20種類生育しているが、その中で外来種でないのは次のうちどれか。

① コカナダモ 　　② ハゴロモモ（別名：フサジュンサイ）

③ クロモ 　　　　④ オオカナダモ

前ページの解答

12 ④
『びわ湖検定公式問題解説集』 ☞ P.32

13 ③
『びわ湖検定公式問題解説集』 ☞ P.34

14 ①
『びわ湖検定公式問題解説集』 ☞ P.17、100、104

18 以下の文の（　）にあてはまる最も適当なものを①〜④の中から選べ。

琵琶湖淀川水系に生育している沈水食物の固有種は、サンネンモと（　　）の2種類である。

① ヒロハノエビモ　　　② オオササエビモ

③ ササバモ　　　　　　④ ネジレモ

19 以下の文の答えとして最も適当なものを①〜④の中から選べ。

江戸時代に明かりとりのため樹木の根が掘り起こされ、その結果森林が失われ、はげ山になったといわれているが、その樹木の名は次のうちどれか。

① シイ　　　② カシ　　　③ マツ　　　④ スギ

20 以下の文の答えとして最も適当なものを①〜④の中から選べ。

滋賀県北部地域の多雪地型ブナ林に多く見られる、花の変異の多い常緑樹は次のうちどれか。

① ツツジ　　　② ヤマボウシ　　　③ ツバキ　　　④ エビネ

前ページの解答

15 ④

『びわ湖検定公式問題解説集』 ☞ P.22

16 ③

『びわ湖検定公式問題解説集』 ☞ P.33

17 ③

コカナダモとハゴロモモは北アメリカ原産、オオカナダモは南アメリカ原産の水草である。

21 以下の文の（　）にあてはまる答えとして最も適当なものを①〜④の中から選べ。

びわ湖の集水域（流域）は滋賀県の面積の約（　　　）パーセントである。

① 50　　② 75　　③ 95　　④ 100

22 以下の文の答えとして最も適当なものを①〜④の中から選べ。

びわ湖の水位は現在、5ヶ所に設けられた水位計の平均値で表されているが、その5ヶ所に含まれないところは次のうちどれか。

① 片山（高月町）　　　② 大溝（高島市）
③ 三保ヶ崎（大津市）　④ 木浜（守山市）

23 以下の文の答えとして最も適当なものを①〜④の中から選べ。

近江八景は古くから日本の名勝として愛されているが、近江八景でないのは次のうちどれか。

① 石山の秋月　　② 瀬田の夕照
③ 比叡の煙雨　　④ 粟津の晴嵐

前ページの解答

18 ④
サンネンモは、センニンモとササエビモとの雑種とする説がある。ネジレモは葉がねじれているので、この名がある。

19 ③
湖南の田上山地などがはげ山になったのは、花崗岩地帯で山がやせていたことに加え、夜なべ仕事用に灯火に用いるマツの根を掘り起こしすぎ、土砂を流出させたためと考えられている。

20 ③
東北の日本海側から北陸にかけて分布し、滋賀県北部が南限分布地とされるユキツバキとユキバタツバキは、園芸的に価値のある変異が多い。

24 以下の文の（　）にあてはまる最も適当なものを①〜④の中から選べ。

びわ湖の最も狭いところに位置する堅田には近江八景「堅田の落雁」で知られる（　　）がある。

① 浮御堂　　② 祥端寺　　③ びわ湖大橋　　④ おとせ浜

25 以下の文の答えとして最も適当なものを①〜④の中から選べ。

彦根城のふもとにある彦根藩主の下屋敷の庭として作られた庭園は次のうちどれか。

① 天然図画亭庭園　　　② 旧秀林寺庭園
③ 里坊庭園　　　　　　④ 玄宮楽々園

2級

26 以下の文は滋賀のことを詠んだ歌の作者に関する記述である。正しいものを①〜④の中から選べ。

① 「近江の湖は　海ならず　天台薬師の　池ぞかし」は、後白河法皇の編になる『梁塵秘抄』に載っている。
② 大安麻呂が歌った「淡海の海　夕波千鳥　汝が鳴けば　情もしのに　古思ほゆ」は『懐風草』に載っている。
③ 平忠度が歌った「さざなみや　志賀の都は　あれにしを　昔ながらの　山ざくらかな」は『源平盛衰記』に載っている。
④ 紫式部が歌った「さして行く　山の端もみな　かきくもり　心も空に　消えし月影」は『百人一首』に載っている。

| 前ページの解答 |

21 ③
滋賀県域の面積が4017㎢であるのに対し、琵琶湖集水域の面積は3848㎢である。

22 ④
『びわ湖検定公式問題解説集』☞ P.20

23 ③
『びわ湖検定公式問題解説集』☞ P.10、36

27 以下の文の答えとして最も適当なものを①〜④の中から選べ。

井上靖の小説「星と祭」には滋賀県に所在する多数の十一面観音像が登場するが、作品に出てこない尊像は次のうちどれか。

① 石道寺（木之本町）像　　② 円満寺（近江八幡市）像

③ 櫟野寺（甲賀市）像　　④ 盛安寺（大津市）像

28 以下の文の（　）にあてはまる最も適当なものを①〜④の中から選べ。

「琵琶湖周航の歌」の歌いだしの歌詞は、「♪われは湖の子　さすらいの（　　）にしあれば…」である。

① 山　　② 湖　　③ 夢　　④ 旅

29 以下の文は羽衣伝説に関する記述である。誤っているものを①〜④の中から選べ。

① 滋賀県余呉町のほか、京都府京丹後市、鳥取県倉吉市など日本各地に同種の説話がある。

② 滋賀県余呉町の羽衣伝説は「近江国風土記逸文」に見られる最古の羽衣伝説である。

③ 野津龍氏はヨーロッパからアジアにかけて広く分布する「白鳥処女説話」と余呉湖の羽衣伝説のつながりを指摘した。

④ JR余呉駅から湖に向かうと、途中に伝承地「天女の腰掛けの石」が存在する。

| 前ページの解答 |

24 ①
『びわ湖検定公式問題解説集』 ☞ P.37

25 ④
『びわ湖検定公式問題解説集』 ☞ P.37

26 ①
『びわ湖検定公式問題解説集』 ☞ P.39

30 以下の文の答えとして最も適当なものを①～④の中から選べ。

近江八景で知られた景勝地にある、びわ湖湖底に所在する縄文時代の遺跡は次のうちどれか。

① 粟津湖底遺跡　　　② 矢橋湖底遺跡
③ 比良湖底遺跡　　　④ 堅田湖底遺跡

31 以下の文の答えとして最も適当なものを①～④の中から選べ。

野洲川流域の平野部のほぼ中央に位置する弥生時代中期後半の遺跡で「弥生のタイムカプセル」と呼ばれることもある遺跡は次のうちどれか。

① 熊野本遺跡　　　② 下之郷遺跡
③ 湯ノ部遺跡　　　④ 鴨田遺跡

2級

32 以下の文の（　）にあてはまる最も適当なものを①～④の中から選べ。

『日本書紀』によると、朝鮮半島の百済から亡命してきた鬼室集斯は669（天智天皇8）年に百済の男女700余人とともに近江国（　　）に移された。

① 愛知郡　　　② 浅井郡　　　③ 坂田郡　　　④ 蒲生郡

前ページの解答

27 ③
『びわ湖検定公式問題解説集』☞ P.40

28 ④
『びわ湖検定公式問題解説集』☞ P.42

29 ④
『びわ湖検定公式問題解説集』☞ P.41

33 以下の文の（　）にあてはまる最も適当なものを①〜④の中から選べ。

2008年1月現在、滋賀県は薬師如来像の国指定重要文化財指定数（彫刻部門）が全国で最も多く、（　　）件ある。

① 15　　② 25　　③ 35　　④ 45

34 以下の文は向源寺（高月町渡岸寺）にある木造十一面観音立像に関する記述である。正しいものを①〜④の中から選べ。

① 頂上面には如来面がのっている。
② 像高158.1cmである。
③ 檜の一材から彫り出された一木造の像である。
④ 奈良時代前期に制作されたと考えられている。

35 以下の文の答えとして最も適当なものを①〜④の中から選べ。

関ヶ原合戦の後、井伊直政が徳川家康から与えられ、城主になった城は次のうちどれか。

①八幡城　　②彦根城　　③長浜城　　④佐和山城

前ページの解答

30 ①
『びわ湖検定公式問題解説集』 ☞ P. 8

31 ②
『びわ湖検定公式問題解説集』 ☞ P.44

32 ④
『びわ湖検定公式問題解説集』 ☞ P.46

36 以下の文の答えとして最も適当なものを①〜④の中から選べ。

1842（天保13）年10月、甲賀・野洲両郡の農民らが中心となって起こした「近江天保一揆」は次のうちどこで蜂起したか。

① 矢川神社　　② 飯道神社　　③ 檜尾神社　　④ 兵主神社

37 以下の文は、1842（天保13）年10月に起こった「近江天保一揆」に関する記述である。正しいものを①〜④の中から選べ。

① 一揆の舞台となった地名によって「野洲騒動」とも呼ばれることがある。
② 米の専売制度が強化されたために起こった。
③ 「見分十万日日延べ」の約束を勝ち取った。
④ 幕府から近江に派遣された勘定方は間部詮勝である。

38 以下の文の答えとして最も適当なものを①〜④の中から選べ。

1891（明治24）年にびわ湖の観光に来たギリシャ王子が、滋賀県庁で気に入って献上され、その後ヨーロッパで大人気を博した草津産のものとは次のうちどれか。

① 竹根鞭製ステッキ　　② 竹製ハット
③ 竹根鞭製傘　　④ 竹製弁当箱

|前ページの解答|

33 ④
『びわ湖検定公式問題解説集』 ☞ P.48

34 ③
『びわ湖検定公式問題解説集』 ☞ P.49

35 ④
『びわ湖検定公式問題解説集』 ☞ P.50

39 以下の文の答えとして最も適当なものを①〜④の中から選べ。

金剛輪寺（松尾寺）を開山したとされる人物は次のうち誰か。

① 最澄 　　② 三修上人 　　③ 行基 　　④ 真盛

40 以下の文は「湖東三山」に関する記述である。誤っているものを①〜④の中から選べ。

① 寺院の組み合わせは金剛輪寺、西明寺、百済寺である。

② 百済寺の山号は釈迦山である。

③ 西明寺は飛鳥時代に聖徳太子により創建されたと伝えられている。

④ 寺院の宗派はすべて天台宗である。

41 以下の文の答えとして最も適当なものを①〜④の中から選べ。

快慶作の木造大日如来坐像が安置されおり、現存するものとしては国内最古の多宝塔がある寺は次のうちどれか。

① 石山寺 　　② 延暦寺 　　③ 金剛輪寺 　　④ 長命寺

前ページの解答

36 ①
『びわ湖検定公式問題解説集』 ☞ P.51

37 ③
『びわ湖検定公式問題解説集』 ☞ P.51

38 ①
『びわ湖検定公式問題解説集』 ☞ P.52

42 以下の文の答えとして最も適当なものを①〜④の中から選べ。

西国三十三所巡礼のうち、滋賀県内の札所寺院は6ヶ所だが、その中で竹生島にある寺は次のうちどれか。

① 岩間山・正法寺（岩間寺）　　② 長等山・園城寺（三井寺）

③ 巌金山・宝厳寺　　　　　　④ 繖山・観音正寺

---

43 以下の文の（　）にあてはまる最も適当なものを①〜④の中から選べ。

日吉大社の日吉山王祭では、祭礼が無事終了したことに感謝する（　　）が行われる。

① 亥の神事　　② 虎の神事　　③ 未の神事　　④ 酉の神事

2
級

---

44 以下の文の答えとして最も適当なものを①〜④の中から選べ。

大津祭で曳山が取り入れられるようになったきっかけである鍛冶屋町の塩売治兵衛がかぶって踊っていた面は次のうちどれか。

① たぬき　　② おに　　③ てんぐ　　④ きつね

前ページの解答

39 ③
『びわ湖検定公式問題解説集』☞ P.53

40 ③
『びわ湖検定公式問題解説集』☞ P.53

41 ①
『びわ湖検定公式問題解説集』☞ P.54

45 以下の文の（　）にあてはまる最も適当なものを①〜④の中から選べ。

平安時代からの歴史を持つ日野町中山の祭りは、東谷と西谷に分かれ（　　）の長さを競う祭りである。

① ゴボウ　　② ダイコン　　③ イモ　　④ ネギ

46 以下の文の（　）にあてはまる最も適当なものを①〜④の中から選べ。

県選択無形民俗文化財に指定されている人形浄瑠璃の冨田人形は、（　　）市富田町に伝承されている。

① 大津　　② 近江八幡　　③ 長浜　　④ 米原

47 以下の文の答えとして最も適当なものを①〜④の中から選べ。

瀬田橋がはじめて歴史上に登場するのは奈良時代の『日本書紀』であるが、その歴史的な事件とは次のうちどれか。

① 白村江の戦い　　　② 壬申の乱
③ 聖武天皇東国巡行　　④ 藤原仲麻呂の乱

| 前ページの解答 |

42 ③
『びわ湖検定公式問題解説集』☞ P.56

43 ④
『びわ湖検定公式問題解説集』☞ P.58

44 ①
『びわ湖検定公式問題解説集』☞ P.59

48 以下の文の（　）にあてはまる最も適当なものを①〜④の中から選べ。

紫式部が書いた『源氏物語』が世に出て今年（2008年、第1回検定実施時）で千年になると言われているが、それは（　　　）に『源氏物語』の存在を示す文章が載っていることによる。

① 和泉式部日記　　② 栄華物語　　③ 紫式部日記　　④ 更級日記

49 以下の文の（　）にあてはまる最も適当なものを①〜④の中から選べ。

近江を舞台にした戦国時代の賤ヶ岳合戦は、その後の政権に大きな影響を及ぼしたが、その合戦は、（　　　　）との戦いであった。

① 織田信長と羽柴秀吉　　　② 柴田勝家と石田三成
③ 柴田勝家と羽柴秀吉　　　④ 羽柴秀吉と丹羽長秀

50 以下の文の答えとして最も適当なものを①〜④の中から選べ。

江戸時代、近江の中山道の宿場（駅）の数は次のうちどれか。

① 7　　　② 8　　　③ 9　　　④ 10

前ページの解答

45 ③
『びわ湖検定公式問題解説集』☞ P.60

46 ③
『びわ湖検定公式問題解説集』☞ P.61

47 ②
瀬田唐橋は、672年の壬申の乱の舞台として『日本書紀』に、764（天平宝字8）年の恵美押勝の乱に関連して『続日本紀』に登場する。

51 以下の文の（　）にあてはまる最も適当なものを①〜④の中から選べ。

近江の御代参街道は、伊勢と多賀社を結んだ街道によって名づけられているが、（　　　）を結んでいる。

① 中山道と北国街道　　② 東海道と八風街道
③ 北国街道と東海道　　④ 東海道と中山道

52 以下の文の答えとして最も適当なものを①〜④の中から選べ。

運河としてのびわ湖の機能を活用することを目的として安土城を築城した織田信長は重臣達をびわ湖岸に配置したが、大溝城に配置したのは次のうち誰か。

① 津田信澄　　② 丹羽長秀　　③ 森長可　　④ 滝川一益

53 以下の文の（　）にあてはまる最も適当なものを①〜④の中から選べ。

2006年に環境省が制定した「快水浴場百選」の「特選」に選定された全国12ヶ所の水泳場のうち、唯一「湖の部　特選」に選定された水泳場は（　　　）である。

① 近江舞子水泳場　　② 松原水泳場
③ 南浜水泳場　　④ マキノサニービーチ

前ページの解答

48 ③
作者の紫式部が残した『紫式部日記』の1008（寛弘5）年に書かれた部分に、宮中で『源氏物語』が読まれていたことが書かれている。

49 ③
『びわ湖検定公式問題解説集』☞ P.68

50 ④
北から順に、柏原・醒ヶ井・番場・鳥居本・高宮・愛知川・武佐・守山・草津・大津の10宿があった。

54 以下の文の（　）にあてはまる最も適当なものを①〜④の中から選べ。

季節に合わせた観光船の運航として、早春の「長浜盆梅展」の開催期間に合わせた雪見船クルーズや、日本のさくら名所百選の一つ（　　）の桜の開花時期に合わせた桜クルーズなどがある。

① 海津大崎　　　② 琵琶湖疏水　　　③ 葛籠尾崎　　　④ 彦根城

55 以下の文の答えとして最も適当なものを①〜④の中から選べ。

びわ湖には四つの島があるが、人が居住している島は次のうちどれか。

① 竹生島　　　② 沖島　　　③ 多景島　　　④ 沖の白石

56 以下の文の（　）にあてはまる最も適当なものを①〜④の中から選べ。

びわ湖の湖岸線の総延長は、大津市から（　　）への距離にほぼ等しい。

① 神戸市　　　② 広島市　　　③ 浜松市　　　④ 名古屋市

| 前ページの解答 |

51 ④
東海道の土山宿から中山道の小幡に抜けている。

52 ①
『びわ湖検定公式問題解説集』☞ P.50
津田信澄は、織田信長の実弟、信勝の子。主家との区別のため、「津田」姓を用いた。

53 ④
『びわ湖検定公式問題解説集』☞ P.64

57 以下の文の（　）にあてはまる最も適当なものを①〜④の中から選べ。

昭和初期から関西有数のスキー場として知られ、その後日本で初めて誕生したカタカナの自治体名（当時）の由来にもなったのは、（　　）スキー場である。

① ウッディパル ② ベルク
③ ヨゴコーゲンリゾート・ヤップ ④ マキノ

58 以下の文の答えとして最も適当なものを①〜④の中から選べ。

国の特別天然記念物に指定され、季節には多くのゲンジボタルが舞う発生地がある米原市を流れる川は次のうちどれか。

① 三津川 ② 天野川 ③ 地蔵川 ④ 天増川

59 以下の文の答えとして最も適当なものを①〜④の中から選べ。

敷地内に内湖の水質浄化のための設備がある道の駅は次のうちどれか。

① 道の駅竜王かがみの里 ② 道の駅草津（グリーンプラザからすま）
③ 道の駅しんあさひ風車村 ④ 道の駅湖北みずどりステーション

前ページの解答

54 ①
『びわ湖検定公式問題解説集』 ☞ P.65

55 ②
『びわ湖検定公式問題解説集』 ☞ P.66

56 ③
『びわ湖検定公式問題解説集』 ☞ P.67

60 以下の文の（　）にあてはまる最も適当なものを①〜④の中から選べ。

滋賀県内の観光・学習施設にはもともと存在した建物を改修したものが多い。愛荘町の「手おりの里金剛苑」の織物資料館は、旧（　　）だった建物である。

① 駅　　　② 警察署　　　③ 役場　　　④ 学校

61 以下の文の答えとして最も適当なものを①〜④の中から選べ。

真田広之主演の映画「たそがれ清兵衛」の撮影が行われた彦根市内のロケ地は次のうちどれか。

① 埋木舎　　② 太鼓門櫓　　③ 彦根城天守　　④ 玄宮楽々園

62 以下の文の答えとして最も適当なものを①〜④の中から選べ。

江戸時代中期、5月の節句に鯉のぼりの代わりに凧を揚げたのが始まりとされる大凧は、次のうちどの市のイベントか。

① 東近江市　　② 彦根市　　③ 米原市　　④ 高島市

前ページの解答

57 ④
『びわ湖検定公式問題解説集』☞ P.70

58 ②
『びわ湖検定公式問題解説集』☞ P.72

59 ③
『びわ湖検定公式問題解説集』☞ P.74

63 以下の文の（　）にあてはまる最も適当なものを①〜④の中から選べ。

毎年３月第２土曜日に大津港を中心に行われる「びわ湖開き」のメインとなる儀式は、船上から（　　）をびわ湖に投げ入れるものである。

① 黄金のコイン 　　② 黄金の鍵 　　③ 黄金の仮面 　　④ 黄金の斧

64 以下の文の答えとして最も適当なものを①〜④の中から選べ。

滋賀県が選定した「滋賀の食文化財」５点にふくまれないものは次のうちどれか。

① 近江牛のしぐれ煮 　　② 丁稚羊羹
③ 日野菜漬け 　　④ 湖魚のなれずし

65 以下の文の答えとして最も適当なものを①〜④の中から選べ。

茶を飲む習慣は中国から仏教の僧が伝え、その栽培も寺院を通して広がったとされる。滋賀県の茶「朝宮茶」と関わりの深い寺院の名前は次のうちどれか。

① 延暦寺 　　② 常明寺 　　③ 仙禅寺 　　④ 永源寺

前ページの解答

60 ③
『びわ湖検定公式問題解説集』 ☞ P.75

61 ②
『びわ湖検定公式問題解説集』 ☞ P.76

62 ①
『びわ湖検定公式問題解説集』 ☞ P.77

66 以下の文の答えとして最も適当なものを①〜④の中から選べ。

滋賀県の指定する伝統的工芸品の中で、高島市のものでないのは次のうちどれか。

① 硯　　　② 組紐　　　③ 扇骨　　　④ 和ろうそく

67 以下の文の（　）にあてはまる最も適当なものを①〜④の中から選べ。

長浜市の特産として、江戸時代に製造が始まった和服の生地となる高級絹織物は（　　）である。

① 浜ちりめん　　　② 浜かすり　　　③ 浜つむぎ　　　④ 浜りんず

2級

68 以下の文の（　）にあてはまる最も適当なものを①〜④の中から選べ。

江戸時代中期に、武具、武器の製造に携わっていた職人が平和産業として仏壇製造に転向したのが始まりとされている彦根仏壇の製造過程は、（　　）と呼ばれる分業制になっている。

① 五職　　　② 六職　　　③ 七職　　　④ 八職

| 前ページの解答 |

63 ②
『びわ湖検定公式問題解説集』☞ P.78

64 ①
『びわ湖検定公式問題解説集』☞ P.79

65 ③
『びわ湖検定公式問題解説集』☞ P.83

69 以下の文の答えとして最も適当なものを①〜④の中から選べ。

東海道の宿場町の一つ、草津には全国最大規模の宿本陣が今も当時のまま残されているが、その大福帳に名前が記されていないのは次のうち誰か。

① 吉良上野介　　② 浅野内匠頭　　③ 皇女和宮　　④ 近藤勇

70 以下の文の答えとして最も適当なものを①〜④の中から選べ。

琵琶湖線で「新快速」が停車しないのは、次のうちどれか。
（2008年11月現在）

① 彦根駅　　② 能登川駅　　③ 安土駅　　④ 石山駅

71 以下の文の答えとして最も適当なものを①〜④の中から選べ。

びわ湖に架かる橋には、琵琶湖大橋と近江大橋の二つがあるが、近江大橋の東詰（東岸）の住所地にあたる自治体名は次のうちどれか。

① 野洲市　　② 守山市　　③ 草津市　　④ 大津市

前ページの解答

66 ②
『びわ湖検定公式問題解説集』☞ P.84

67 ①
『びわ湖検定公式問題解説集』☞ P.85

68 ③
『びわ湖検定公式問題解説集』☞ P.86

72 以下の文の答えとして最も適当なものを①〜④の中から選べ。

主要地方道26号大津守山近江八幡線の別名は次のうちどれか。

①　浜街道　　　　　②　八風街道

③　さざなみ街道　　④　レインボーロード

73 以下の文の答えとして最も適当なものを①〜④の中から選べ。

余呉川の河口近くで竹生島を望む景勝地にあり、婦人病・神経痛・リウマチなどに効くといわれるヒドロ炭酸鉄泉含有の温泉は次のうちどれか。

①　おごと温泉　　②　尾上温泉　　③　白谷温泉　　④　石山温泉

74 以下の文の答えとして最も適当なものを①〜④の中から選べ。

日本六古窯の一つで鎌倉時代中期になって産業として成立したといわれ、現在では食器や花器、「たぬきの置物」で有名な焼き物は次のうちどれか。

①　湖東焼　　②　膳所焼　　③　信楽焼　　④　布引焼

|前ページの解答|

69 ④
『びわ湖検定公式問題解説集』☞ P.89

70 ③
『びわ湖検定公式問題解説集』☞ P.90

71 ③
『びわ湖検定公式問題解説集』☞ P.91

75 以下の文の答えとして最も適当なものを①～④の中から選べ。

近江商人の商圏は全国に及ぶが、西村太郎右衛門はベトナムまで出かけている。彼は成功して日本への帰国を願ったが、鎖国された日本の土地を踏むことができず、望郷の思いの額を郷里の神社に奉納した。その神社は次のうちどれか。

①　日牟礼八幡宮　　②　多賀大社
③　近江神宮　　④　今堀日吉神社

76 以下の文の答えとして最も適当なものを①～④の中から選べ。

近江商人の商いの方法は諸国産物回しといい、各地の産物を仕入れ、さらに別の地域に販売すると同時に仕入れる商法だが、近江商人が扱わなかった商品は次のうちどれか。

①　紅花　　②　漆器　　③　湖東焼　　④　蚊帳

77 以下の文の答えとして最も適当なものを①～④の中から選べ。

「三方よし」という近江商人の経営理念は、現在で言うCSR（企業の社会的責任）に通じる考えであると注目されているが、この理念を体現化した近江商人の社会貢献事業でないのは次のうちどれか。

①　瀬田唐橋の架け替え工事　　②　豊郷小学校校舎の建築工事
③　逢坂山の道路工事　　④　琵琶湖疏水の建設工事

前ページの解答

72 ①
『びわ湖検定公式問題解説集』☞ P.92

73 ②
湖北町尾上はびわ湖の漁港としても知られ、すぐ南（湖北町今西）には湖北野鳥センターや水の駅湖北みずどりステーションがある。

74 ③
『びわ湖検定公式問題解説集』☞ P.87

78 以下の文の答えとして最も適当なものを①〜④の中から選べ。

近江商人の活躍した地域は広く、北海道の開発にも大きく関係しており、なかでも漁場開拓を積極的に展開したのは次のうち誰か。

① 伊藤忠兵衛　　② 藤野四郎兵衛

③ 中井源左衛門　　④ 西川甚五郎

79 以下の文の答えとして最も適当なものを①〜④の中から選べ。

岩手県には高島から多くの人が出かけ、盛岡の城下町づくりに貢献し、現在も末裔の人々が地元経済界で活躍しているが、この中で明治時代、国立第一銀行設立に関わったのは次のうち誰か。

① 小野善助　　② 藤井善助　　③ 西川伝右衛門　　④ 伊藤忠兵衛

80 以下の文の（　）にあてはまる最も適当なものを①〜④の中から選べ。

びわ湖流域において、記録に残る過去最大の洪水は、1896年9月の大洪水である。このとき彦根では10日間（9月3日から9月12日）で（　　）㎜の雨量を記録した。

① 572　　②1008　　③ 1493　　④ 2119

| 前ページの解答 |

75 ①
御朱印船で安南（ベトナム）へ赴いた西村太郎右衛門（安南屋）は、25年後、帰国するため長崎に戻るが上陸が許されず、絵馬「安南渡海船額」（国の重要文化財）を日牟礼八幡宮に奉納した。

76 ③
『びわ湖検定公式問題解説集』☞ P.88

77 ④
琵琶湖疏水は京都府によって着工された。日野商人の中井正治右衛門は瀬田唐橋の再建費を寄付、同じく日野商人の中井源左衛門は逢坂山の東海道上に車石を設置する工費の一部を寄付した。

81 以下の文の（　）にあてはまる最も適当なものを①～④の中から選べ。

田上山一帯では明治時代に入ると、川への土砂の流入を防ぐための砂防工事が始められるようになり、田上山山系を源流とする草津川の上流部には外国人技師デ・レーケ指導による（　　）堰堤が造られた。

① ドイツ　　　② ポルトガル　　　③ オランダ　　　④ ギリシャ

82 以下の文の（　）にあてはまる最も適当なものを①～④の中から選べ。

1994年の列島大渇水のときに記録した、びわ湖の観測史上の最低水位は（　　）cmである。

① −53　② −99　③ −103　④ −123

83 以下の文の（　）にあてはまる最も適当なものを①～④の中から選べ。

平成15年度の滋賀県水政課の調べによると、びわ湖の水を水道水として利用している人口は約（　　）万人である。

① 200　　　② 400　　　③ 1000　　　④ 1400

前ページの解答

78 ②
現在の豊郷町から出た藤野家は、初代喜兵衛と２代四郎兵衛が松前（北海道）で漁場を開拓、北前船による回船業にも進出した。

79 ①
江戸時代、小野善助家（小野組）は両替商として成功、明治政府によって第一国立銀行が創立されると、三井組とともに頭取を務めた。

80 ②
『びわ湖検定公式問題解説集』 ☞ P.95

84 以下の文の（　）にあてはまる最も適当なものを①〜④の中から選べ。

琵琶湖疏水の長等山トンネルは全長（　　）mであり、完成当時、全国のトンネルの最長記録を1100mも更新した。

① 1836m　　② 2036m　　③ 2236m　　④ 2436m

85 以下の文の（　）にあてはまる最も適当なものを①〜④の中から選べ。

滋賀県内の森林から伐採された木材や、その木材を使用して県内の施設で加工された木製品であることが証明された木材（品）のことを（　　）と呼ぶ。

① 滋賀木材　　② びわ湖材　　③ おうみ材　　④ ヨシ材

86 以下の文は琵琶湖第1疏水に関する記述である。正しいものを①〜④の中から選べ。

① 籠手田安定は、湖水の減少を理由に疏水の建設に反対した当時の滋賀県知事である。

② 琵琶湖疏水の建設を指揮した技術者は沖野忠雄である。

③ 琵琶湖疏水にあるトンネルのうち一番長いのは南禅寺トンネルである。

④ 琵琶湖疏水は1985（明治18）年から工事が始まり、約10年の歳月をかけて完成した。

| 前ページの解答 |

81 ③
『びわ湖検定公式問題解説集』☞ P.96

82 ④
『びわ湖検定公式問題解説集』☞ P.97

83 ④
『びわ湖検定公式問題解説集』☞ P.100

87 以下の文の（　）にあてはまる最も適当なものを①〜④の中から選べ。

滋賀県では、びわ湖での淡水赤潮の発生を契機に、赤潮発生の原因のひとつである（　　）を含む合成洗剤の使用をやめ、石けんを使おうという、いわゆる石けん運動が全県的に展開された。

① マグネシウム　　② カルシウム　　③ 酵素　　④ リン

88 以下の文の答えとして最も適当なものを①〜④の中から選べ。

1984年に滋賀県の提唱で始まった、湖沼の環境問題の解決について話し合う国際会議の現在の名称は次のうちどれか。

① 世界水フォーラム　　② 世界湖沼サミット
③ 世界陸水会議　　④ 世界湖沼会議

89 以下の文の答えとして最も適当なものを①〜④の中から選べ。

滋賀県がびわ湖での環境保全の取り組みを世界に発信し、世界の湖沼保全に貢献するため、草津市に誘致した国際連合の機関は次のうちどれか。

① ILEC　　② UNICEF　　③ IAEA　　④ UNEP-DTIE-IETC

前ページの解答

84 ④
『びわ湖検定公式問題解説集』☞ P.101

85 ②
『びわ湖検定公式問題解説集』☞ P.104

86 ①
『びわ湖検定公式問題解説集』☞ P.101

90 以下の文の（　）にあてはまる最も適当なものを①～④の中から選べ。

滋賀県立水環境科学館や下水処理施設である湖南中部浄化センターなどがある人工島の名称は（　　）島である。

① 矢橋帰帆　　② 粟津晴嵐　　③ 石山秋月　　④ 瀬田夕照

91 以下の文はラムサール条約とびわ湖に関する記述である。正しいものを①～④の中から選べ。

① びわ湖がラムサール条約の登録湿地に指定されたのは、1990年である。
② びわ湖は、ラムサール条約の登録湿地に日本で一番最初に指定された。
③ びわ湖は、ラムサール条約の国内登録湿地の中で二番目に面積が広い。
④ びわ湖は、国内の湖としては二番目にラムサール条約の登録湿地となった。

92 以下の文の（　）にあてはまる最も適当なものを①～④の中から選べ。

びわ湖がラムサール条約の登録湿地に指定された順番は、日本で（　　）番目である。

① 1　　　② 5　　　③ 9　　　④ 13

| 前ページの解答 |

87 ④
『びわ湖検定公式問題解説集』☞ P.108

88 ④
『びわ湖検定公式問題解説集』☞ P.110

89 ④
『びわ湖検定公式問題解説集』☞ P.111

93 以下の文の答えとして最も適当なものを①〜④の中から選べ。

琵琶湖でプレジャーボートの航行範囲やエンジンの種類の規制、釣った外来魚の再放流の禁止などを定めているルールの通称は次のうちどれか。

① 滋賀ルール　　② 琵琶湖ルール　　③ レジャールール　　④ 環境ルール

94 以下の文の答えとして最も適当なものを①〜④の中から選べ。

滋賀県の教育事業「びわ湖フローティングスクール」で使われている学習船の名前は次のうちどれか。

①　うみのこ　　　②　しがのこ　　　③　あゆのこ　　　④　びわっこ

95 以下の文の（　）にあてはまる最も適当なものを①〜④の中から選べ。

滋賀県の教育事業「びわ湖フローティングスクール」では、学習内容の一つとして、（　　　）を使った「甲板みがき」などが行われている。

①　ヨシで作ったたわし　　　②　ボランティアが作った手作りモップ
③　ヤシの実　　　　　　　　④　ペットボトルをリサイクルして作ったスポンジ

前ページの解答

90　①
『びわ湖検定公式問題解説集』 ☞ P.112

91　④
『びわ湖検定公式問題解説集』 ☞ P.113

92　③
『びわ湖検定公式問題解説集』 ☞ P.113

96 以下の文の答えとして最も適当なものを①〜④の中から選べ。

びわ湖における生活環境に関する水質の環境基準項目となっているものは次のうちどれか。

①　COD　　②　BOD　　③　TOD　　④　TOB

97 以下の文の答えとして最も適当なものを①〜④の中から選べ。

びわ湖で行われている定置網漁で、矢印状に網を設置する漁法は何と呼ぶか。

①　ヤナ漁　　②　エリ漁　　③　追いさで漁　　④　たつべ漁

98 以下の文の２つの（　）にあてはまる最も適当な組み合わせを①〜④の中から選べ。

滋賀県では1869（明治2）年に蒸気船（　ア　）がびわ湖に就航し、1889（明治22）年の（　イ　）全線開通まで、蒸気船が県内の大量輸送の主役を担っていた。

①　ア：一番丸　　　イ：江若鉄道
②　ア：みどり丸　　イ：江若鉄道
③　ア：みどり丸　　イ：東海道線
④　ア：一番丸　　　イ：東海道線

前ページの解答

93 ②
『びわ湖検定公式問題解説集』☞ P.114

94 ①
『びわ湖検定公式問題解説集』☞ P.115

95 ③
『びわ湖検定公式問題解説集』☞ P.115

99 以下の文の（　）にあてはまる最も適当なものを①〜④の中から選べ。

1997年の滋賀県の調べによると、滋賀県の農業用水の水源の割合は、河川が約（ア）、びわ湖が約（イ）である。

① ア：30%　　イ：50%　　② ア：40%　　イ：40%
③ ア：50%　　イ：30%　　④ ア：60%　　イ：20%

100 以下の文の（　）にあてはまる最も適当なものを①〜④の中から選べ。

滋賀県内での石けん運動を推進するために1978年に結成され、本年2008年にその30年の歴史に幕を下ろした通称「びわ湖会議」の設立当初の正式名称は、「びわ湖を守る（　　）県民運動」県連絡会議である。

① 合成洗剤追放　　② 粉石けん使用推進
③ 水質保全　　　　④ 水環境保全

---

96 ①
『びわ湖検定公式問題解説集』 ☞ P.99

97 ②
エリ漁はびわ湖の代表的な漁法で、湖岸から沖合に向かって矢印形に網（昔は葭簀(よしず)）を張り、魚をツボに誘導して獲る。漢字では「魞」と書く。

98 ④
『びわ湖検定公式問題解説集』 ☞ P.107

前ページの解答

99 ③

　　『びわ湖検定公式問題解説集』 ☞ P.103

100 ②

　　『びわ湖検定公式問題解説集』 ☞ P.108

第1回びわ湖検定 問題と解答

2009年8月20日 第1版第1刷 発行
2009年8月31日 第1版第2刷 発行

編集・発行……………………………………………

びわ湖検定実行委員会

〒520-0807 滋賀県大津市松本1-2-1
財団法人淡海環境保全財団内
Tel. 077-524-7168
http://www.ohmi.or.jp

編集協力・発売……………………………………………

サンライズ出版 株式会社

〒522-0004 滋賀県彦根市鳥居本町655-1
Tel. 0749-22-0627

印刷・製本……………………………………………

サンライズ出版 株式会社

ⓒびわ湖検定実行委員会 2009
Printed in Japan ISBN978-4-88325-396-8

PRINTED WITH
SOY INK

本書の全部または一部を無断で複写・複製することを禁じます。
落丁・乱丁のときはおとりかえいたします。